Christoph von   Schmid

Die Ostereyer

Eine Erzählung zum Ostergeschenke für Kinder

Christoph von   Schmid

Die Ostereyer
Eine Erzählung zum Ostergeschenke für Kinder

ISBN/EAN: 9783337361396

Hergestellt in Europa, USA, Kanada, Australien, Japan

Cover: Foto ©Andreas Hilbeck / pixelio.de

Weitere Bücher finden Sie auf **www.hansebooks.com**

Die
Ostereyer.

Eine Erzählung
zum
Ostergeschenke
für
Kinder.

Von

dem Verfasser der Genovefa.

Leitmeritz. 1818.
bey Carl Wilhelm Medau.

Vorerinnerung an die Kinder.

Die folgende kleine Erzählung ward schon einmal vielen Kindern, die längst zuvor über den hohen Sinn und die schöne Bedeutung des heiligen Osterfestes unterrichtet worden, zu einer lehrreichen und angenehmen Unterhaltung vorgelesen, und nicht nur die Kinder, sondern auch mehrere Erwachsene hörten sie mit Freuden an.

Weil ich nun dachte, daß diese Erzählung auch euch, meine lieben Kinder — ja wohl auch euren größern Geschwistern und selbst euren Aeltern — Vergnügen machen dürfte, so ward sie als ein kleines Ostergeschenk für euch gedruckt.

Die Erzählung handelt, wie es der Titel sagt, freylich nur von einer Kleinigkeit — den Ostereyern; indeß werdet ihr gewiß gerne lesen, wie auch die kleinste Gabe Gottes — ein Ey! — ein großes Wunder der Allmacht und Weisheit Gottes und eine mannigfaltige Wohlthat für die Menschen sey, ja wie Gott sich oft einer geringen Sache bediene, seine heilige Vorschrift und liebreiche Vatersorgfalt an den Menschen zu verherrlichen.

Diese und andere gute Lehren sind in diesem Büchlein die Hauptsache; das übrige soll blos dazu dienen, euch eine unschuldige Freude zu machen — wie etwa eure Mutter euch auf das Osterfest ein Ey schenkt, das nicht nur durchaus voll kräftiger Nahrung ist, sondern auch durch ein gefälliges Aeußeres und eine freundliche Farbe das Auge vergnügt.

Der Verfasser.

Erstes Kapitel.

"O weh, da giebts noch nicht einmal Hühner!"

Es lebten einmal vor vielen hundert Jahren, in einem kleinen Thale tief im Gebirge, einige arme Kohlenbrenner. Das enge Thal war rings von Wald und Felsen eingeschlossen. Die Hütten der armen Leute lagen im Thale umher zerstreut. Einige Kirsch- und Pflaumenbäume bey jeder Hütte, etwas Ackerland mit Sommergetreide, Flachs und Hanf, eine Kuh und einige Ziegen waren all ihr Reichthum. Indeß erwarben sie noch einiges mit Kohlenbrennen für die Einschmelze im Gebirge. So wenig aber die Leute hatten, so waren sie dennoch ein sehr glückliches Völklein; denn sie wünschten sich nicht mehr. Sie waren bey ihrer harten Lebensart, bey steter Arbeit und strenger Mässigkeit vollkommen gesund und man sah in diesen armen Hütten — was man in Pallästen vergebens suchen würde — alte Männer, die über hundert Jahre zählten.

Eines Tages, da schon der Haber anfing zu bleichen und es in dem Gebirge sehr heiß war, kam ein Köhlermädchen, das die Ziegen hütete, fast außer Athem nach Hause gesprungen, und brachte den Aeltern die Nachricht, es seyen fremde Leute in dem Thale angekommen von gar wundersamer Tracht und seltsamer Redensart — eine vornehme Frau, und zwey Kinder, und ein sehr alter Mann, der, ob er gleich sehr prächtige Kleider anhabe, doch nur ihr Diener scheine. "Ach, sagte das Mädchen, die guten Leute sind hungrig und durstig, und sehr müde. Ich traf sie, als ich eine verlorne Ziege suchte, ganz abgemattet im Gebirge an, und zeigte ihnen den Weg in unser Thal. Wir wollen ihnen doch etwas zu essen und zu trinken hinaus tragen — und sehen, ob wir sie die Nacht bey uns und den Nachbarn nicht unterbringen können." Die Aeltern nahmen sogleich Haberbrot, Milch und Ziegenkäse und gingen hin.

Die Fremden hatten sich indeß in den Schatten einer buschigen Felsenwand gelagert, wo es sehr kühl war. Die Frau saß auf einem bemoosten Felsenstücke, und hatte ihr Angesicht mit einem weißen Schleyer von feinem Flor bedeckt. Eines der Kinder, ein zartes, wunderschönes Fräulein, saß ihr auf dem Schooße. Der alte Diener, ein ehrwürdiger Greis, war damit beschäftigt, das schwer beladene Maulthier abzupacken, das sie bey sich hatten. Das andere Kind, ein muntrer, schöner Knabe, hielt dem Thiere einige Disteln hin, an denen es begierig fraß.

Der Kohlenbrenner und sein Weib näherten sich der fremden Frau mit Ehrerbietung. Denn an ihrer edlen Gestalt, ihrem Anstande und ihrem langen, weißen Gewande merkte man sogleich, daß sie von hohem Stande seyn müsse. „Sieh nur, sagte die Kohlenbrennerinn leise zu ihrem Manne, den zierlich ausgezackten, stehenden Halskragen, die feinen Spitzen, aus denen die zarten Hände nur zur Hälfte hervorblicken, und — der tausig! — sogar die Schuhe sind so weiß, wie Kirschenblüthe, und mit silbernen Blümchen geziert!" Der Mann tadelte aber sein Weib und sagte zu ihr: „Dir steckt doch nichts im Kopfe, als die Eitelkeit! Den höhern Ständen geziemt eine vornehmere Kleidung. Indeß macht das Kleid den Menschen um nichts besser, und mit den zierlichen Schuhen hat die gute Frau wohl schon manchen harten Tritt thun und manche rauhe Wege gehen müssen."

Der Köhler und die Köhlerinn bothen der fremden Frau jetzt Milch, Brot und Käse an. Die Frau schlug den Schleyer zurück und beyde wunderten sich über die Schönheit und die edle, sanfte Gesichtsbildung der Frau. Sie dankte freundlich, und ließ sogleich das Kind auf dem Schooße aus der irdenen Schale voll Milch trinken — und die hellen Thränen drangen ihr aus den Augen, und benetzten die blühenden Wangen, als das Kleine die Schale mit beyden Händchen festhielt und begierig trank. Auch der liebliche Knabe kam herbey und trank auch. Darauf theilte sie von dem Brote aus — und dann trank sie erst selbst, und aß von dem Brote. Der fremde Mann aber ließ sich besonders den Käs' sehr gut schmecken. Während sie aßen, kamen aus allen Hütten groß und klein herbey, standen im Kreise umher, und betrachteten neugierig und wundernd die neuangekommenen Fremden.

Nachdem der alte Mann satt war, bat er flehentlich, die Leute möchten der Frau doch in irgend einer Hütte auf einige Zeit ein kleines Stübchen einräumen; sie werde ihnen nicht zur Last fallen, sondern alles reichlich bezahlen. „Ach ja," sagte die Frau mit sanfter, lieblicher Stimme, „erbarmt euch einer unglücklichen Mutter und ihrer zwey Kleinen, die durch ein schreckliches Schicksal aus ihrer Heimath vertrieben wurden." Die Männer traten sogleich zusammen, und hielten Rath, wie das zu machen sey.

Oben im Thale brach hoch aus röthlichen Marmorfelsen ein Bächlein hervor, stürzte sich, schäumend und weiß wie Milch, von Felsen zu Felsen, und trieb eine Mühle, die gleichsam nur so an den Felsen dort hing. Auf der andern Seite des Bächleins hatte der Müller noch ein anderes nettes Häuschen erbaut. Freylich war es, wie alle übrigen Häuser im Thale, nur ganz von Holz; aber gar freundlich anzusehen, von Kirschbäumen lieblich beschattet, und von einem kleinen Gärtchen umgeben. Dieses Häuschen bot der Müller der fremden Frau zur Wohnung an.

„Mein neues Hüttchen da droben," sagte er, indem er mit der Hand hinauf zeigte, „räume ich euch, wie es dasteht, herzlich gerne ein. Es ist spanneu, und noch kein Mensch hat darin gewohnt. Ich baute es eigentlich, um einmal dahin zu ziehen, wenn ich die Mühle meinem Sohne übergeben werde. Wie doch der liebe Gott — Ihm sey Dank! — so wunderbar für euch sorgt! Erst gestern bin ich damit vollends fertig geworden, und heute könnet ihr nun schon einziehen. Es ist recht so, als wenn ich es gerade nur für euch gebaut hätte. Es wird euch gewiß gefallen!"

Die gute Frau war über dieses freundliche Anerbiethen hocherfreut. Nachdem sie etwas ausgeruht hatte, ging sie sogleich hinauf. Sie trug das kleine Fräulein auf dem Arme, und der alte Mann führte den Knaben an der Hand. Der Müller aber besorgte das Maulthier. Die Frau fand das Häuschen, zur großen Freude des Müllers, ganz unvergleichlich. Mit einem Tische, einigen Stühlen, und Bettstätten war es schon versehen. Schöne Teppiche und prächtige Decken zur Nachtruhe hatte die Frau auf dem Maulthiere mitgebracht. Sie übernachtete daher sogleich da — und dankte Gott mit ihren beiden Kleinen vor dem Schlafengehen noch herzlich, daß er ihr nach langem Herumirren einen so angemessenen Zufluchtsort habe finden lassen. „Wer hätte es geglaubt, sagte sie, daß ich, in Pallästen erwachsen, mich noch glücklich schätzen würde, in eine solche Hütte aufgenommen zu werden. Wie nöthig hat auch der Höhere, gegen den Niedrigsten gut und gefällig zu seyn! Könnte er auch so hart seyn, es nicht aus Menschenfreundlichkeit zu thun, so sollte ihn doch die Klugheit dazu bewegen. Denn kein Mensch weiß, was ihm bevorsteht."

Den andern Morgen kam die Frau in aller Frühe mit ihren Kleinen aus der niedern Wohnung hervor, sich ein wenig in der Gegend umzusehen. Denn am Tage zuvor waren sie dazu allzumüde. Mit Entzücken betrachtete sie die schöne Aussicht ins Thal. Die Hütten der Köhler lagen tief unten im grünen Thale wie hingesäet, nur immer zwey oder drey beisammen. Das Mühlbächlein schlängelte sich hell wie Silber mitten durchhin. Die bunten Felsen voll grüner Gesträuche, an denen die Ziegen nagten, hätte man, so wie sie jetzt von der Morgensonne beleuchtet waren, nicht schöner mahlen können.

Der alte Müller kam, sobald er die Frau mit ihren Kindern erblickte, sogleich aus der Mühle heraus, und über den schmalen Steg, der über das Bächlein führte, herüber. „Aber nicht wahr, rief er, ein schöneres Plätzchen als dieses, giebt es doch im ganzen Thale nicht! Hier scheint die Morgensonne immer am ersten hin. Wenn die Hütten unten, wie eben jetzt, noch im schwarzen Schatten liegen, so ist da droben schon alles von der Sonne wie vergoldet. Ja oft, wenn in dem tiefen, feuchten Thal kaum die Kamine der Hütten aus dem grauen Nebel hervorragen, hat man hier den klaren blauen Himmel."

Den Kindern der Frau gefiel aber das Mühlrad, das sich beständig so geschäftig umdrehte, am besten. Den Knaben ergötzte besonders das Klappern der Mühle, und das Rauschen des Wassers, das wie siedende Milch zu kochen schien. Das Mädchen hingegen hatte ihre vorzügliche Freude an den funkelnden Edelsteinen von allen Farben, die, wie sie sagte, im Sonnenglanze von dem immer tröpfelnden Rade fielen.

Die Frau brachte den Tag zu, sich einzurichten, so gut es in diesem armen Thale seyn konnte. Die Leute wetteiferten, sie mit Lebensmitteln, mit Brennholz, irdenem Küchengeschirre, und andern Kleinigkeiten zu versehen. Das Mädchen, das ihr zuerst den Weg in das Thal gezeigt hatte und Martha hieß, kam zu ihr in den Dienst.

„Vor allem brauche ich Eyer!" sagte die Frau, als sie sich zum Kochen anschickte. „Sieh doch, daß du mir für Bezahlung einige auftreibest." „Eyer?" fragte Martha ganz verwundert. „Je wozu denn?" „Närrisches Mädchen," sagte die Frau, „wozu? — zum Kochen. Gehe nur, und mache, daß du bald wieder kommest." „Zum Kochen?" sagte das Mädchen; „aber die Vögelein haben ja nun keine Eylein mehr, und dann wäre es doch auch Schade. Vier Personen hätten ja wohl einige hundert Eylein von Finken oder Hänflingen nöthig, sich satt zu essen." „Was plauderst du da," sagte die Frau; „wer redet denn von den Eyerchen der Vögelein. Ich meyne Hühnereyer." Das Mädchen schüttelte den Kopf und sagte: „Was das für Vögel sind, weiß ich gar nicht. In meinem Leben habe ich noch keine gesehen." „O weh, sagte die Frau, so giebts bey euch noch nicht einmal Hühner!"

Denn da die Hühner erst aus dem Morgenlande zu uns gebracht wurden, so war damals in manchen Gegenden ein Huhn wirklich etwas so seltenes, als jetzt ein Pfau. Die Frau wußte sich, da hier auch nichts von Fleischspeisen zu haben war, in ihrer kleinen Küche fast nicht zu helfen. „Ich hätte nie daran gedacht," sprach sie, „was es um ein Ey für eine Wohlthat Gottes ist, bis jetzt, da ich keines haben kann. So gings mir aber auf meiner Wanderung schon mit hundert Dingen. Mangel und Noth haben doch auch ihr Gutes, indem sie uns auf manche Gabe Gottes, die wir bisher nicht achteten, aufmerksam machen, und uns Dankbarkeit lehren."

Die gute Frau mußte sehr kümmerlich leben. Die Leute trugen ihr indeß fleißig zu, was sie nur immer glaubten, daß ihr angenehm seyn könnte. Wenn der Müller eine schöne Forelle oder ein Köhler ein Paar Krametsvögel fing, so brachten sie ihr dieselben sogleich. Die größten Dienste that ihr aber der alte Diener, der mit ihr gekommen war. Sie hatte noch einige goldene Kleinodien und kostbare Edelsteine. Von diesem gab sie ihm von Zeit zu Zeit, und er verreiste damit, und blieb oft mehrere Wochen aus. So oft er zurück kam, brachte er immer allerley mit, das er für die kleine Haushaltung eingekauft hatte. Die Leute bemerkten indeß, daß die Frau nach seiner Zurückkunft oft sehr traurig war, und rothgeweinte Augen hatte. Sie wären gar gerne dahinter gekommen, wer sie denn eigentlich sey, und woher sie komme. Allein sie selbst zu fragen, hatten sie den Muth nicht. Der alte Mann aber sagte ihnen, wenn sie ihn fragten, so seltsame Namen, daß sie dieselben kaum nachsprechen konnten, und sie in einer Viertelstunde schon wieder vergessen hatten, bis sie endlich merkten, daß der muntere Greis sie nur zum Besten habe. Da machten sie sich an die Kleinen. „Sag' uns doch, sagten sie zum Knaben, wie heißt denn deine Mutter eigentlich? Wir wollen es nicht weiter sagen. Sag es uns nur ins Ohr." Da sagte ihnen denn das Kind sehr geheimnisvoll, aber auch sehr offenherzig und zutraulich: „Sie heißt eigentlich Mamma." Aehnliche Antworten gab auch das Mädchen. Die Leute mußten es also der Zeit überlassen, dieses Geheimniß zu enthüllen.

Zweytes Kapitel.

„Gottlob, nun sind doch einmal die Hühner da!"

Einmal kam der alte Diener, der Kuno hieß, wieder von einer Reise heim, und trug einen Hühnerstall auf dem Rücken. In dem waren ein Hahn und einige Hennen. Als die Kinder im Thale den alten Mann kommen sahen, liefen sie alle zusammen; denn er brachte ihnen immer etwas mit — weißes Brot, getrocknete Pflaumen, ein Pfeifchen, ein Glöcklein für ihre Ziegen oder sonst eine Kleinigkeit.

Dießmal waren die Kinder sehr neugierig, was denn in dem vergitterten Kästchen sey, das fast ganz mit Tuch bedeckt war, so daß man nicht recht hinein sehen konnte. Sie begleiteten ihn bis vor die Thüre der Frau, die mit ihren zwey Kleinen sogleich freudig herauskam und ihn grüßte. „Gottlob, rief das kleine Fräulein und klatschte in die Hände, nun sind doch einmal die Hühner da!"

Der Mann stellte den Kasten nieder, öffnete das Thürchen, und da kam denn zuerst ein prächtiger Hahn heraus. Die Kinder erstaunten. „Was für ein sonderbarer Vogel das ist! riefen sie; denn wie man ihn heiße, wußten sie noch nicht. In unserm Leben haben wir noch keinen so schönen Vogel gesehen! Was er für eine schöne Krone auf dem Kopfe hat, noch schöner roth, als Kornblumen; und wie wunderschön bräunlich und gelblich seine Federn schimmern, noch schöner als reifes Getreide in der Abendsonne; und wie wunderlich er den Schweif trägt, fast wie eine Sichel gekrümmt!" Auch die Hennen gefielen ihnen sehr wohl. Es waren ein Paar Schwarze mit hochrothem Kamme, ein Paar Weiße mit Schöpfen, und ein Paar Röthlichbraune ohne Schweif. Die Frau streute den Hühnern einige Hände voll

Haberkörner hin. Die Hühner pickten sie geschäftig hinweg, und die Kinder standen und knieten im Kreise umher, und sahen mit vergnügten Gesichtern zu.

Als der Haber aufgefressen war, da schwang mit einem Male der Hahn die Flügel und krähte — und alle Kinder lachten laut zusammen, so freuten sie sich darüber. Und im Heimwege schrien die Knaben alle: „Kikeriki" und die Mädchen machten es ihnen wohl auch nach, aber doch nicht gar so laut. Als die Kinder heimkamen, erzählten sie von den Wundervögeln, die viel größer seyen, als die Ringeltauben, ja wohl größer, als die Raben, und wie sie so schöne Farben hätten, noch viel schöner als alle Vögel im Walde. „Und, sagte die kleine Marie, Marthas Schwesterlein, wie sie so ein rothes Käpplein auf dem Kopfe tragen, wie es bisher noch bey keinen Vögeln des Waldes gebräuchlich gewesen." Auch die Aeltern wurden neugierig und kamen, die fremden Vögel zu sehen, und waren nicht weniger darüber verwundert.

Nach einiger Zeit ließ sich eine der Hennen zum Brüten an. Martha mußte die Henne täglich füttern. Die Frau zeigte einmal den Kindern aus dem Thale das Nest, und die Kinder wunderten sich alle laut über die Menge von Eyern. „Funfzehn Eyer!" riefen sie; „die Holztauben legen nur zwey, andere Vögelein nur fünf Eyer. O wie wird die Henne so viele Junge auffüttern!"

Da die Jungen anfingen auszukriechen, wollte die Frau den Kindern eine Freude machen, und ließ sie rufen. Es kamen aber, da es eben Feyertag war, auch viele große Leute mit. Sie zeigte ihnen ein aufgepicktes Ey. O wie freuten sich die Kinder, als das junge Hühnlein so geschäftig pickte, herauszukommen. Die Frau half ihm vollends heraus. Nun war die Verwunderung noch größer, daß das kleine Vögelein schon über und über so schöne gelbe Flaumfederlein habe, so munter aus den schwarzen Aeuglein blicke, und sogleich davon laufen könne, da doch andere junge Vögelein nackt, blind und ganz hülflos zur Welt kämen. „Das ist doch etwas unerhörtes," sagten die Kinder, „solche Vögel giebt es in der ganzen Welt nicht mehr."

Als die schöne, glänzend schwarze Glucke mit dem purpurrothen Kamme, in Mitte ihrer fünfzehn gelbhaarigen Jungen, das erste Mal auf den grünen Rasen herausschritt, da war die Freude der Kinder und Aeltern gar über alle Weise. „Schöneres kann man doch nichts sehen!" sagte ein Köhler. „Und horcht nur," sprach die Köhlerinn, „wie die Alte den Jungen lockt, und wie die kleinen Dingerchen den Ruf verstehen, und sogleich folgen. Es wäre zu wünschen, daß ihr Kinder auch immer so auf den Ruf ginget."

Ein Knabe wollte ein junges Hühnlein fangen, um es näher zu betrachten. Das kleine Dingelchen schrie aber kläglich, und auf das Geschrey schoß die Alte plötzlich und mit weitgeöffneten Flügeln herbey, und flog dem Knaben, der heftig erschrack und jammernd um Hülfe schrie, auf den Kopf. Sie hätte ihm wohl die Augen ausgekratzt, wenn er das Junge nicht augenblicklich wieder hätte laufen lassen. Der Vater schmähte den Knaben, und die Mutter sagte: „Wie das treue Thier sich seiner Jungen so eifrig annimmt! Menschen könnten sogar von ihm lernen."

Wenn die Henne nun einen guten Bissen fand, so erhob sie sogleich ein Geschrey, und die Jungen eilten alle zusammen. Die Alte zerhackte ihn erst mit ihrem Schnabel und legte ihnen gleichsam vor. Jedermann wunderte sich, daß so junge Thierchen, die kaum über einen Tag alt wären, nicht nur sogleich laufen, sondern auch schon fressen könnten.

Da jetzt die Sonne sich etwas unter die Wolken verbarg — so sammelten sich alle Jungen unter die Alte, und versteckten sich da, um sich zu wärmen. „Das ist noch das allerschönste," sagten die Leute. „Es ist gar so artig und munter, wie hie und da ein Köpfchen unter den Flügeln der Henne hervorsieht, oder sich ein Junges hervorwagt, und sogleich wieder an einer andern Stelle unter sie hineinkriecht."

Der Müller, der in seiner weißbestäubten Kleidung in Mitte der schwarzen Köhler sich gar sonderbar ausnahm, aber auch an Einsicht sich eben so vor ihnen auszeichnete, sprach: „Was das doch ein Wunderding mit diesen fremden Vögeln ist! Wir erblicken zwar Gott überall in der Natur; aber wenn wir etwas ungewöhnliches sehen, fällt uns seine Allmacht, Weisheit und Güte doch noch mehr in die Augen. Bedenkt nur, wie gut es ist, daß diese kleinen Vögelein sogleich laufen und fressen können; wenn die Alte so vielen Jungen das Futter im Schnabel zutragen müßte, wie eine Schwalbe, da würde sie nicht fertig! Wie gut ists, daß es schon die Natur der Jungen so ist, der Alten nachzulaufen und ihrer Stimme zu folgen. Liefen sie, weil sie doch auf der Stelle laufen können, sogleich auseinander; die Alte könnte sie nicht mehr zusammen bringen, und die Jungen gingen verloren. Besonders wundert mich aber, wo die Henne den Muth hernimmt, ihre Jungen so tapfer zu vertheidigen! Habe ich mich doch oft schon über die Hühner geärgert, und sie dumme Thiere gescholten, weil sie allemal, so oft ich an ihnen vorbey ging, vor Furcht scheu auseinander flogen, obwohl sie längst merken konnten, daß ich ihnen nichts zu leid thue. Und nun ist die Natur des Thieres ganz verändert, und sie setzt sich gegen einen Mann zur Wehre. Oft hat es mich ergötzt, wie die Hennen um einen Bissen zanken, oder wie diejenige, die ein größeres Bröcklein fand, so neidig ist, und sogleich davon läuft, und wie die andern ihr nachlaufen, und es ihr nehmen wollen. Jetzt aber hat sie ihre Gefrässigkeit ganz abgelegt, und ruft den Jungen selbst und rührt nichts an, bis alle satt sind. Ich glaube das gute Thier stürbe lieber selbst Hungers, als daß sie eines ihrer Jungen verhungern ließe. Diese zärtliche Sorgfalt, mit der die Henne ihre zarten Jungen umherführt, Futter für sie aufsucht, sie ernährt, sie beschützt, sie unter ihren Flügeln wärmt — hat Gott dem Thiere eingepflanzt. So zärtlich ist Gott für diese jungen Hühnlein besorgt! Und wie sollten nun wir verzagen? Sollte Er nicht noch mehr für uns besorgt seyn? Freylich sorgt Er noch mehr für uns. Darum nur guten Muth, lieben Leute! Gott macht alles wohl. Er sorgt für alle seine Geschöpfe — am meisten aber für den Menschen, der in seinen Augen mehr ist, als alle Hühner und alle andern Vögel in der ganzen Welt."

Drittes Kapitel.

„Jetzt giebt es Eyer im Ueberfluß."

Weil die guten Leute im Thale gegen die fremde Frau immer gar so gefällig gewesen, so war sie schon lange darauf bedacht, ihnen auch wieder eine Freude zu machen, und ihre ärmliche Haushaltung zu erleichtern. Die gute Frau hatte daher Eyer und Hühner sehr geschont, und da sie nun einen schönen Vorrath von Eyern und auch mehrere Hühner beysammen hatte, schickte sie Martha ins Thal, alle Hausmütter auf den morgigen Tag, der ein Sonntag war, einzuladen. Sie kamen mit Freuden, und in ihrem schönsten Aufputze. In dem kleinen Gärtchen hatte der alte Diener einen ländlichen Tisch mit einigen Bänken bereitet. Hier mußten sie Platz nehmen.

Martha brachte hierauf einen großen Korb voll Eyer. Die waren alle so reinlich, daß man kein Flecklein daran sah, und weiß wie Schnee. Die Kohlenbrennerinnen erstaunten und wunderten sich nicht wenig über die Menge von Eyern. „Gottlob! sagte die Frau, jetzt giebt es Eyer im Ueberfluß, und es ist allerdings ein schöner Anblick, so viele reinliche Eyer beysammen zu sehen. Nun will ich euch aber auch zeigen, wie man sie in der Haushaltung nützen kann."

In einer Ecke des Baumgärtchens, unten an einem Felsen, war Feuer aufgemacht. Eine große Pfanne voll Wasser hing über dem Feuer. Die Frau schlug zuerst ein Ey auf, um zu zeigen, wie es innen aussehe, bevor es in das heiße Wasser komme. Alle betrachteten mit Aufmerksamkeit die schöne kristallhelle Feuchtigkeit, in der gleich einer gelben Kugel der Dotter schwamm. Nun wurden so viele Eyer, als es Gäste waren, weich gesotten. Auf dem Tische war Salz und weißes länglich geschnittenes Brot in Bereitschaft. Die Frau lehrte sie die Eyer öffnen, und nun wunderten sich alle, wie das durchsichtige des Eys so schön weiß wie Milch aussah, und eben so, wie das Gelbe, fester geworden. Alle lobten, indem sie nach Anweisung der Frau die Eyer mit dem Brote austunkten, die treffliche Speise. „Da hat man," sagten sie, „Geschirr und Speise sogleich beysammen. Und wie schön und reinlich, wie lieblich weiß und gelb alles aussieht! Wie schnell, ohne Kunst, ohne allen Aufwand ein Ey gekocht ist. Auch für Kranke könnte man nicht leicht eine wohlfeilere und nahrhaftere Speise finden."

Die Frau schlug hierauf Eyer in heißes Schmalz. Dieses war für die Köhlerinnen wieder eine neue Erscheinung. „Wie das Gelbe so schön vom Weißen umgeben ist," sagten sie, „wie bey den großen weiß- und gelben Wiesenblumen, die man Ochsenaugen nennt." Die Eyer wurden nach und nach auf grünen Spinat gelegt, der in einer großen flachen Schüssel bereit stand — und auch diese Speise wurde von allen gelobt. So machte die Frau noch andere Eyerspeisen, und unterrichtete die Köhlerinnen, wie die Eyer nicht nur an und für sich eine gesunde Speise seyen, sondern mit noch größerm Vortheil zur bessern Bereitung anderer Speisen benützt werden können.

Zuletzt wurde schöner grüner Ackersalat aufgetragen. Kuno brachte einen Teller voll Eyer, die schon früher hart gesotten wurden, damit sie indeß wieder kalt würden. Der fröhliche Alte ließ aus Scherz die Eyer fallen, daß sie auf dem steinigen Boden herumrollten. Die Köhlerinnen am Tische erschracken, daß sie laut aufschrien. Sie meynten, die Eyer würden ausfließen. Aber wie wunderten sie sich alle, als die Frau die Schalen rein ablöste, und jedes Ey so durchaus hart erschien, daß es sich schneiden ließ. Die Sache schien ihnen ein Wunder. Indeß sagte ihnen die Frau, wie man die Eyer hart siede und legte die zierlich geschnittenen Eyer auf den Salat, und auch diese Speise schmeckte den Gästen sehr gut.

Nachdem die Mahlzeit geendet war, vertheilte die Frau einige Hähne und mehrere Hennen unter die Hausmütter. Sie sagte ihnen, daß eine Henne des Jahres hundert, bis hundert fünfzig Eyer lege — worüber alle erstaunten. „Ueber hundert Eyer!" riefen sie. „Welch ein Vortheil in der Haushaltung!" Die guten Hausmütter brachten mit den Hühnern eine große Freude ins Thal. In allen Hütten war Jubel. Alle Leute im Thale segneten die Frau, und dankten Gott für so schöne wohlthätige Geschenke.

Die Hühner waren lange Zeit das tägliche Gespräch. Immer bemerkten die Leute noch etwas neues daran, das sonderbar und zugleich nützlich war. Die Eigenschaft, daß der Hahn morgens krähe, war den Hausvätern besonders lieb. „Er verkündet so," sagten sie, „den nahen Tag und fordert die Menschen auf, an ihr Tagwerk zu gehen. Es ist ein ganz neues Leben im Thal, wenn am Morgen die Hähne so zusammen krähen, und man geht ordentlich munterer an die Arbeit!" „Freylich wohl!" sagte der Müller. „Wenn der Hahn aber gegen Mitternacht das erste Mal kräht, so ruft er den lustigen Gesellschaften mit lauter Stimme zu, jetzt sey es die höchste Zeit, sich zur Ruhe zu begeben."

Den Hausmüttern gefiel es noch besonders, daß die Henne es gatzend ankündete, wenn sie ein Ey gelegt hatte. Allemal war Freude im Hause, wenn sie sich hören ließ. „So weiß man es doch gleich," sagten sie, „und kann das nützliche Geschenk sogleich in Empfang nehmen."

Hausväter und Hausmütter sagten oft unter einander: „Diese Vögel sind wahrhaftig von Gott recht eigentlich zu Hausthieren geschaffen. Sie halten sich so treulich an das Haus, entfernen sich nie weit davon, kommen, sobald man ihnen lockt, sogleich alle zurück, ja, sie gehen am Abende von selbst heim, und warten an Hausthür oder Fenster, bis man sie hereinlasse. Nicht nur bringen sie in der Haushaltung einen großen Nutzen; ihr Unterhalt kostet auch sehr wenig. Sie nehmen mit Kleye, mit dem Abfalle vom Gemüse, und mit andern schlechten Dingen vorlieb, die man im Hause sonst nicht weiter nützen könnte. Ja sie gehen vom Morgen bis Abend außer dem Hause überall umher und scharren und suchen ihr Futter selbst auf. Viele tausend Körnlein, die besonders zur Erntezeit und bey dem Dreschen verloren gingen, kommen so noch den Menschen zu gut. Die Hennen lesen sie fleißig auf und geben uns Eyer dafür. Die ärmste Wittwe, die sonst kein Hausthier halten konnte, vermag doch noch eine Henne, und das tägliche Ey ist ein tägliches Almosen für sie."

Auch die zwey Kinder der Frau sahen nun ein, woran sie im Ueberflusse nie gedacht hatten, was die Eyer für gütige Geschenke Gottes seyen. O wie froh waren sie, als sie hie und da morgens ein Ey in Milch essen konnten! Wie gut fanden sie nun manche Speise, die ihnen vorhin nicht recht genießbar schien, weil das Ey daran fehlte. Wie sehr dankten sie Gott dafür!

Viertes Kapitel.

Das Fest der bemahlten Eyer, ein Kinderfest.

Indeß gingen Sommer und Herbst vorüber, und der Winter kam. Er war, zumal in dieser rauhen Gegend, sehr hart. Die kleinen Hütten im Thale lagen Monate lang, wie im Schnee vergraben. Nur die rauchenden Kamine und etwas von den Dächern schauten noch aus der weißen Hülle hervor. Von dem Hohlwege zwischen den Felsen herauf sah man gar nichts mehr. Die Mühle stand still, und die Wasserfälle hingen starr und geräuschlos an den Felsen da. Man konnte nur wenig zusammen kommen. Desto größer war die Freude, als der Schnee schmolz, und es wieder Frühling ward.

Die Kinder aus dem Thale kamen sogleich wieder herauf, und brachten den beyden fremden Kindern, Edmund und Blanda, die ersten blauen Veilchen und gelben Schlüsselblümchen, die sie im Thale finden konnten. Ja sie flochten ihnen, sobald es mehrere dieser holden Frühlingsblümchen gab, die schönsten blauen und gelben Kränze. „Ich muß," sagte die edle Frau, „den guten Kindern doch auch eine Freude machen. Ich will ihnen auf den kommenden Ostertag ein kleines ländliches Kinderfest geben. Denn es ist gar schön, daß man solche Tage den Kindern, so gut man nur immer kann, zu Freudentagen mache. Aber was soll ich ihnen geben? Auf Weihnachten konnte ich sie mit Aepfeln und Nüssen beschenken, die ich für sie hatte bringen lassen. Allein zu dieser Zeit hat man nichts im Hause, als etwa ein Ey. Noch bringt die Natur nichts hervor, das zu genießen wäre. Alle Bäume und Sträuche stehen ohne Früchte und Beeren. Eyer sind die ersten Geschenke der wieder auflebenden Natur."

„Aber," sagte Martha, „wenn die Eyer nur nicht so ganz ohne alle Farben wären! Weiß ist wohl auch schön. Allein die allerley Farben der Früchte und Beeren, zumal die schönen rothen Wangen der Aepfelein, sind doch noch schöner."

„Du bringst mich da auf einen Einfall," sagte die gute Frau, „der nicht gar übel seyn mag. Ich will die Eyer hart sieden, und sie, was sich während des Siedens leicht thun läßt, zugleich färben. Die mancherley Farben machen den Kindern gewiß große Freude."

Die verständige Mutter kannte verschiedene Wurzeln und Moose, die man zum Schönfärben brauchen kann. Sie färbte nun die Eyer auf verschiedene Art. Einige wurden schön himmelblau, andere gelb wie Zitronen, andere so schön roth wie das Innere der Rosen. Einige hatte sie mit zarten grünen Blättchen eingebunden, die sich dann auf den Eyern abbildeten, und ihnen ein unvergleichlich schönes buntes Aussehen gaben. Auf einige setzte sie auch einen kleinen Reim.

„Die bemahlten Eyer," sagte der Müller, als er sie erblickte, „sind gerade recht für das Fest, wo die Natur ihr weißes Kleid ablegt, und sich mit allerley Farben schmückt. Die gute Mutter macht es gerade wie der liebe Gott, der uns nicht nur schmackhafte Früchte giebt, sondern sie auch noch für das Auge schön und freundlich macht. Wie er die Kirsche roth, die Pflaume blau, die Birne gelb färbt, so macht sie es mit den Eyern."

Der Ostertag war diesesmal ein überaus schöner Frühlingstag — ein wahrer Auferstehungstag der Natur. Die Sonne schien so schön und warm, der Himmel war so rein und blau, daß es eine Lust war, und alles neues Leben fühlte. Die Wiesen im Thale waren bereits schön grün und hie und da schon bunt von Blumen.

Schon lange vor Anbruch der Morgenröthe hatten die

Frau und der alte Kuno sich auf den Weg zur Kirche gemacht, die über zwey Stunden weit entfernt jenseits mehrerer Berge lag. Die Väter und Mütter aus dem Thale, und die größern Kinder, die so weit gehen konnten, zogen auch mit dahin. Gegen Mittag kam die Frau mit Hülfe des Maulthieres, das Kuno führte, wieder zurück; die übrigen Leute aber kamen mit ihren Kindern erst lange nach Mittag, oder gar erst gegen Abend nach Hause.

Sobald die Frau angelangt war, eilten jene Kinder, die man daheim gelassen hatte, und die mit Edmund und Blanda ungefähr von einerley Alter — und schon lange eingeladen waren, voll Freude herauf.

Die Frau führte sie in das Gärtchen, das Kuno im vorigen Jahre sehr verschönert hatte. Nahe an der Felsenwand, auf einem zierlich mit Kiese beschütteten Grunde, war ein länglicht runder Tisch. Der war jetzt mit einem farbigen Teppiche belegt. Rasensitze von jungem, frischen Grün umgaben ihn. Die Kinder setzten sich rings um den Tisch, und mitten unter ihnen Edmund und Blanda. Alle sahen freundlich und fröhlich aus den Augen und waren voll Erwartung der Dinge, die da kommen würden. Es war wirklich ein ungemein lieblicher Anblick, den schönen Kreis von gelb- und braunlockichten Köpfchen und alle blühenden Gesichtchen zu sehen. „So schön ist kein Blumenkranz," sagte die Frau bey sich selbst, „und wäre er auch aus den schönsten Rosen und Lilien gewunden."

Nun erzählte ihnen die Frau zuerst sehr schön und deutlich, warum der heilige Ostertag ein so großes Freudenfest sey — und dann wurde eine große irdene Schüssel voll heißer Milch aufgetragen, darein Eyer geschlagen waren. Jedes Kind hatte ein neues irdenes Schüsselchen vor sich stehen. Jedes bekam nun seinen Theil und ließ sichs trefflich schmecken. Hierauf führte die Frau die Kinder durch eine Seitenthür des Gärtchens in das kleine Tannenwäldchen, das an den Garten stieß. Zwischen den jungen Tännchen waren hie und da schöne grüne Rasenplätze. Da sagte die Frau den Kindern, jedes solle aus Moos, mit dem die Felsen und Bäume umher reichlich bewachsen waren, ein kleines Nestchen machen. Sie gehorchten mit Freuden. Denjenigen Kindern, die nicht zurecht kommen konnten, mußten die geschicktern helfen. Jedes mußte sich sein Nestchen recht wohl merken.

Nun kehrten die Kinder wieder in den Garten zurück. Aber sieh — da erblickten sie auf dem Tische einen großen Kuchen von Eyerbrot, der wie ein großer gewundner Kranz gestaltet war. Jedes bekam nun ein großes Stück Kuchen. Indeß nun die Kinder aßen, schlich Martha mit einem großen Korbe voll gefärbter Eyer heimlich in das Wäldchen, und vertheilte die Eyer in die Nestchen, und die blauen, rothen, gelben oder bunten Eyer nahmen sich in den zierlichen Nestchen von zartem, grünlichem Moose ungemein schön aus.

Nachdem die Kinder genug gegessen hatten, sagte die Frau: „Nun kommt, jetzt wollen wir nach den Nestchen sehen." In jedem Nestchen lagen fünf gleichfarbige Eyer, und auf Einem derselben stand ein Reim. Was da die Kinder für ein Freudengeschrey erhoben! Die Freude und der Jubel ging über alle Beschreibung. — „Rothe Eyer! Rothe Eyer!" rief das eine, „in meinem Nestchen sind lauter rothe Eyer." „Und in dem meinigen blaue," rief ein anderes, „o alle so schön blau, wie jetzt der Himmel." „Die meinigen sind gelb," schrie ein drittes, „noch viel schöner gelb, als die Schlüsselblümchen, oder der hellgelbe Schmetterling, der dort fliegt." „Die meinigen, rief das vierte, haben gar alle Farben!" „O das müssen wunderschöne Hühner seyn," rief ein kleiner Knabe, „weil sie so schöne Eyer legen. Die möchte ich einmal sehen."

„Ey," sagte Martha's Schwesterchen, das Kleinste aus allen Kindern, „die Hühner legen freylich keine so schöne Eyer. Ich glaube gar, das Häschen hat sie gelegt, das aus dem

Wachholderbusche heraussprang und davon lief, als ich dort das Nestchen bauen wollte." Und alle Kinder lachten zusammen, und sagten im Scherze, der Haase lege die bunten Eyer. Ein Scherz, der sich in manchen Gegenden bis auf unsere Zeiten erhalten hat.

„O mit wie wenigem," sagte die Frau, „kann man den Menschen eine große Freude machen! Wer sollte nicht gerne geben; indem ja geben seliger ist, als empfangen! — Wer doch noch ein Kind seyn könnte! Eine solche Freude empfinden unter den Erwachsenen nur diejenigen, die ihr Herz rein und schuldlos bewahrten. Nur die leben noch in dem Paradiese der Kindheit — diesem Gottesreiche schuldloser Freude."

Nun machte die Frau den Kindern wieder eine andere Unterhaltung. Manches Kind, das nur blaue Eyer bekam, hätte gerne auch ein rothes oder gelbes gehabt. Denen, mit den rothen, gelben oder bunten Eyern ging es eben so. Die Frau sagte daher den Kindern, sie sollen mit einander tauschen. Nur das Ey mit dem Sprüchlein durfte nicht vertauscht werden. Das war jetzt eine neue Freude, da jedes Kind auf diese Art Eyer von allen Farben erhielt. „Seht," sagte die Frau, „so muß man einander aushelfen. Wie es mit den Eyern hier ist, so ist es mit tausend andern Dingen. Gott theilte seine Gaben so aus, daß die Menschen einander davon wechselweise mittheilen können, und so einander Freude machen und einander lieber gewinnen sollen. Möchte doch jeder Tausch oder Kauf, wie euer kleiner Eyerhandel beschaffen seyn, daß immer beyde Theile gewinnen, und keiner verliere."

Der kleine Edmund las seinen Reim. Ein Köhlerknabe war darüber voll Erstaunen. Denn damals gab es noch wenige Schulen, und mancher Erwachsene wußte kaum, daß es um das Lesen und Schreiben etwas Schönes und Nützliches sey. Der Köhlerknabe wollte nun sogleich wissen, was denn da auf *seinem* Ey geschrieben stehe. „O ein unvergleichlich schönes Sprüchlein!" sagte die Frau. „Höre einmal! *Für Speis und Trank — dem Geber dank!*" Sie fragte die Kinder, ob sie dieses immer gethan hätten? Jetzt fiel es ihnen erst ein, Gott für die fröhliche Mahlzeit und die schönen Eyer zu danken, was sie denn nach Anleitung der Frau auch sogleich von Herzen thaten.

Nun wollte aber jedes Kind wissen, was auf seinem Ey stehe. Alle drängten sich um die Frau. Alle die kleinen Händchen, und in jedem der Händchen ein Ey, waren gegen sie ausgestreckt. Alle riefen wie mit einem Munde: „Was steht auf meinem? Was auf meinem? Wie heißt meines? O meines zuerst lesen!"

Die Frau mußte Friede machen, und die Kinder in einen Kreis stellen. Jetzt las sie in der Reihe herum ein Sprüchlein nach dem andern. Jedes Kind war voll Begierde zu wissen, wie sein Reimlein heiße. Alle horchten auf die Frau, und wandten kein Auge von ihr, wenn sie wieder ein Sprüchlein las.

Die Reimlein bestanden nur immer aus einigen Wörtchen. Alle zusammen, sowohl auf den Eyern, die sie jetzt, als auf jenen, die sie nachher noch austheilte, waren ungefähr folgende:

1. Nur Eins ist noth,
   Kind, liebe Gott!
2. Gott sieht dich, Kind,
   Drum scheu die Sünd.
3. Für Speis und Trank
   Dem Geber dank'.
4. Ein dankbar Herz
   Flammt himmelwärts.
5. Vertrau' auf Gott,
   Er hilft in Noth.
6. Höchst elend ist,
   Wer Gott vergißt.
7. Wer Jesum ehrt,
   Thut, was Er lehrt.

8. Gebet und Fleiß
   Macht gut und weis'.

9. Fromm, gut und rein,
   Drey Edelstein.

10. Ein gutes Kind
    Gehorcht geschwind.

11. Beym Eigensinn
    Ist kein Gewinn.

12. Ein reines Herz
    Erspart viel Schmerz.

13. Kind, wirst du roth,
    So warnt dich Gott.

14. Wie Rosen blüht
    Ein rein Gemüth.

15. Bescheidenheit
    Das schönste Kleid.

16. Wer Lügen spricht,
    Dem glaubt man nicht.

17. Die Heucheley
    Ein faules Ey.

18. Verdientes Brot,
    Macht Wangen roth.

19. Unmäßig seyn
    Bringt Schmach und Pein.

20. Geiz macht ein Herz
    Zu Stein und Erz.

21. Ein frommer Mann,
    Hilft wo er kann.

22. Zorn, Haß und Neid
    Bringt dir nur Leid.

23. Still, sanft und mild,
    Ein goldner Schild.

24. Geduld im Leiden
    Bringt Himmelsfreuden.

25. Gutseyn, nicht Gold,
    Macht lieb und hold.

26. Ein gut Gewissen,
    Ein sanftes Kissen.

27. Wer Gutes thut,
    Hat frohen Muth.

28. Zur Ewigkeit
    Sey stets bereit.

29. Weltlust vergeht,
    Tugend besteht.
30. Den Frommen lohnen
    Dort ew'ge Kronen.

Jedes Kind gab sich alle Mühe, sein Reimlein zu merken, und wiederholte es in der Stille immer bey sich selbst, um es nicht zu vergessen.

Die Frau fragte nun in der Reihe herum, ob jedes sein Sprüchlein noch wisse. Hie und da mußte sie ein wenig nachhelfen. Aber bald wußte jedes Kind das seine schön und deutlich zu sagen. Ja viele merkten auch die Reimlein der übrigen. Nach und nach wußte fast jedes Kind alle Reime auswendig. Wenn man nur das erste Wort nannte, so wußten sie fast allemal das Sprüchlein bis ans Ende zu sagen. Und wenn man die erste Hälfte sagte, so wußten sie die zweyte ganz sicher. So viel auf einmal, und so leicht, unter Lust und Lachen, hatten die Kinder noch nie gelernt.

Die Väter und Mütter und die andern Kinder, die indes nach Hause gekommen waren, und den lauten Jubel, der in das Thal hinabscholl, vernahmen, eilten herauf, zu sehen und zu hören, was es denn gebe, und waren ganz erstaunt. „So viel," sagten sie, „lernen ja die Kinder zu Hause kaum in einem halben Jahre auswendig, als hier in einer halben Stunde. Es bleibt doch wahr, Lust und Lieb zu einem Ding, macht alle Müh und Arbeit gering." „Aber den Kindern Lust zu machen, sagte der Müller, das ist das Kunststückchen. Da steckts! — Das heißt einmal viel gelernt. Das ist ja eine ganze Sittenlehre für Kinder im Kleinen. Wie die Frau doch mit Kindern umzugehen weiß!"

Die Frau beschenkte nun auch die übrigen Kinder mit bunten Eyern und mit Kuchen, und sagte noch zu allen: „Die gefärbten Eyer mögt ihr zu Hause essen; und die mit dem Sprüchlein, müßt ihr zum Andenken aufbewahren." „Die essen wir freylich nicht!" sagten die Kinder. „Die heben wir auf. Das Sprüchlein ist ja mehr werth, als das Ey." „Das ist's wahrhaftig," sagte die Frau, „wenn ihr das befolgt, was es euch lehrt."

Sie ermahnte die Aeltern nun, die Kinder bey guter Gelegenheit an die Sprüchlein zu erinnern. Die Aeltern thatens. Wenn ein Kind nicht sogleich auf das Wort folgen wollte, erhob der Vater den Finger und sagte: *„Ein gutes Kind —"* und das Kind sprach: *„gehorcht geschwind!"* und gehorchte dann auch geschwind. Wenn ein Kind Miene machte, zu lügen, sprach die Mutter: *„Wer Lügen spricht —"* *„dem glaubt man nicht!"* fuhr das Kind fort, erröthete und schämte sich zu lügen. Und so machten die Aeltern es auch mit den übrigen Reimen.

Die Kinder sagten noch gar oft, in ihrem Leben hätten sie keinen so vergnügten Tag gehabt. „Nun," sagte die Frau allemal, „so thut nur fleißig, wie es in den Sprüchlein heißt, und dann gebe ich euch alle Jahre ein solches Eyerfest. Wer aber böse ist und nicht folgt, darf nicht dazu kommen. Denn es soll nur ein Fest für gute Kinder seyn." O, wie da die Kinder im Thale so gut und so folgsam wurden!

Fünftes Kapitel.

Ein Paar Eyer — mehr werth, als wenn sie von Gold wären.

Unter den Zuschauern, die dem kleinen Kinderfeste beywohnten, hatte die Frau einen fremden Jüngling bemerkt, der in dem Kreise fröhlicher Menschen ganz traurig dastand. Der Jüngling mogte etwa im sechzehnten Jahre seyn. Er war nur sehr ärmlich gekleidet, allein von einem sehr edlen Aussehen und von einer blühenden, unverdorbenen Gesichtsfarbe; seine schönen gelben Haare hingen bis auf die Schultern herab, und in der Hand hatte er einen langen Wanderstab.

Nachdem sich die meisten Zuschauer zerstreut hatten, fragte ihn die Frau voll Mitleids, warum er denn so traurig sey. „Ach, sprach der Jüngling, und die hellen Thränen standen ihm in den Augen, mein Vater, der ein Steinhauer war, ist erst vor drey Wochen gestorben. Meiner Mutter geht es nun mit meinen zwey kleinen Geschwistern, einem Knaben und einem Mädchen, sehr hart. Mich will der Bruder meiner Mutter annehmen, und mich das Handwerk des Vaters, das er auch treibt, lehren, damit ich die Mutter erhalten und mich in der Welt fortbringen könne. Zu diesem reise ich jetzt. Ich komme schon zwanzig Stunden weit her und habe fast noch so weit zu gehen. Denn der Vetter wohnt weit hin in einer andern Gegend des Gebirges."

Die Frau wurde, besonders da ihr eignes Schicksal dem Schicksale der armen Wittwe des Steinhauers in etwas ähnlich war, sehr gerührt. Sie gab ihm Milch mit Eyern und Eyerkuchen zu essen, und schenkte ihm einiges, seine Mutter damit zu unterstützen. Edmund und Blanda hatten auch großes Mitleiden mit ihm. „Da," sagte Blanda, „bring dieses rothe Ey deinem kleinen Schwesterchen und grüße sie mir recht freundlich." „Und," sagte Edmund, „dieses blaue Ey bringe deinem Brüderchen zum Gruße, und sag ihm, er soll uns einmal heimsuchen! Wir wollen ihm dann auch Milchsuppe und Eyerkuchen auftischen." Die Mutter lächelte, holte noch ein bemahltes Ey, und sagte: „Dieses Ey da gieb deiner Mutter. Das Sprüchlein darauf ist der beste Trost, den ich ihr geben kann: *Vertrau auf Gott, — Er hilft in Noth!* und so wird ihr das Ey kein unangenehmes Geschenk seyn; ja wenn sie das Sprüchlein befolgt, so ist es das beste Geschenk von der Welt, das man ihr nur immer machen könnte."

Der Jüngling dankte herzlich. Der Müller behielt ihn über Nacht, und am andern Morgen, da die Spitzen der Felsen, die das Thal einschlossen, sich errötheten, setzte er seinen Stab weiter, nachdem der Müller ihm noch zuvor Haberbrot und Ziegenkäse in seinen Queersack gesteckt hatte.

Fridolin, denn so hieß der Jüngling, wanderte durch das Gebirge, über hohe Felsen und durch tiefe Thäler, rüstig fort. Am Abende des dritten Tages war er nur noch ein Paar Stunden von der Wohnung des Vetters entfernt. Aber sieh da — als er so auf schmalem Wege, längs einer himmelhohen Felsenwand hinkletterte, und in die tiefe schauerliche Kluft zwischen den buschigen Felsen mit Grausen hinabschaute, erblickte er auf einmal ein aufgezäumtes und gesatteltes Pferd; die Decke war schön purpurroth und der Zügel schien lauter Gold. Das Pferd aber schaute zu ihm herauf und wieherte, als freute es sich, einen Menschen zu sehen, und als wollte es ihn mit lautem Jubel willkommen heißen.

„Alle Welt," sagte der Jüngling, „wie kommt das edle Thier in diese tiefe Schlucht hinab. Allem nach gehört es einem Ritter zu. Wenn dem Herrn, dem es angehört, nur kein Unglück begegnet ist. Ein gesatteltes Pferd ohne Reiter an einem solchen Orte ist immer ein Anblick, über den man erschrickt. Mir wird ganz bange; ich muß doch einmal nachsehen." Er versuchte lange vergebens hinab zu klettern, wiewohl er im Bergsteigen sehr geübt war. Endlich fand er einen engen Steig zwischen den Felsen, den ein wildes Bergwasser ausgehöhlt hatte, der aber jetzt trocken lag, und kam glücklich hinunter. Da sah er einen Mann von edlem Aussehen und in ritterlicher Kleidung unter einem überhangenden Felsen liegen. Sein glänzender Helm mit dem prangenden Federbusche lag neben ihm, und der Spieß steckte darneben. Der Mann aber sah sehr blaß aus, und der Jüngling wußte nicht, ob er nur schlafe oder gar todt sey. Mitleidig ging er zu ihm hin, faßte ihn freundlich bey der Hand und sagte: „Fehlt euch etwas lieber Herr?"

Der Mann schlug die Augen auf, blickte den Jüngling starr an, seufzte, und versuchte zu reden. Aber er konnte kein Wort hervorbringen. Da deutete er mit der Hand auf den Mund, und dann auf den Helm, der neben ihm lag. Fridolin verstand, daß er trinken wolle, nahm den Helm, und ging, Wasser zu holen. Ein paar graue Weidenbäume tief in einem Winkel der Schlucht verriethen ihm, daß Wasser in der Nähe seyn müsse. Er ging hin, fand feuchten Grund, wand sich eine Strecke zwischen Felsen und Gesträuchen hinauf, und sieh — da rann ein kleines Quellchen, hell wie Kristall, aus einem moosigen Felsen hervor. Fridolin füllte den Helm, und eilte dem Durstenden zu. Er trank öfter und in langen Zügen. Nach und nach kam ihm die Sprache wieder.

„Gott sey Dank!" war sein erstes Wort. „Und auch dir sey Dank, freundlicher Jüngling," fuhr er mit heißerer Stimme fort, indem er den Kopf auf die Hand stützte. „Dich hat mir Gott zugesendet, damit ich nicht verschmachte. — Aber, wie mich jetzt hungert! Hast du nicht einen Bissen Brot bei dir?"

„O du mein Gott," rief Fridolin, „wenn ich es nur früher gewußt hätte. Haberbrot und Ziegenkäse, die ich da im Queersacke trug, sind rein aufgezehrt. Doch halt, halt! rief er jetzt freudig aus, da habe ich ja noch die Eyer. Die sind eine gesunde, nahrhafte Speise." Er setzte sich zu dem Manne auf den reichlich mit Moos bewachsenen Boden, langte die gefärbten Eyer hervor, machte sogleich eines von der Schale los, schnitt es mit seinem Taschenmesser, gleich Aepfelschnitzchen, in länglichte Stücklein, und gab ein Stückchen nach dem andern dem Manne. Der Mann aß begierig, trank dann wieder dazwischen, und aß dann wieder.

Fridolin wollte das dritte Ey auch aufklopfen. Aber der Mann sagte: „Laß es gut seyn. Zuviel auf einmal essen, besonders nachdem man lange gehungert, ist nicht gut. Ich habe für jetzt genug. So gut hat es mir in meinem Leben noch nicht geschmeckt. Es war ein Königsmahl." „Ich fühle mich, Gott sey Dank, schon kräftiger, fuhr er fort und setzte sich vollends auf. O wenn du nicht gekommen wärest, so wäre ich diese Nacht sicher verschmachtet."

„Aber," sagte Fridolin, indem er den hellen Panzer und die Kleidung von prächtigen Farben näher betrachtete, „wie kommt ihr, edler Ritter, mit eurem Pferde denn in diese schauerliche Schlucht herab?"

„Ich bin nur ein Edelknecht," sagte der Mann, „und reise schon mehrere Wochen in Angelegenheit meines Herrn weit umher. Da hab ich mich in diesem waldigen Gebirge verirrt. Die Nacht überfiel mich. Auf einmal stürzte ich in der Finsterniß, samt meinem Pferde, den steilen Abhang dort herunter in diese Tiefe. Dem Pferde, das gut auf den Beinen ist, geschah nichts. Aber ich habe mich da an dem Fuße beschädigt, daß ich nicht mehr gehen, und mich nicht einmal mehr auf das Pferd schwingen kann. Indeß ists ein Wunder, daß Mann und Roß nicht sogleich zu Grund gingen. Ich kann Gott nicht genug danken! Ich verband mir die Wunde; aber das Wundfieber setzte mir hart zu. Ich hatte mich schon darein ergeben, zwischen diesen Felsen Hungers zu sterben. Da erschienst du mir, guter Jüngling — wie ein

Engel des Himmels. Sag doch an, wie kommst du hieher in diese menschenleere, einsame Wüste?"

Fridolin erzählte, und der Mann hörte aufmerksam zu, und that dazwischen allerley Fragen. „Wunderlich," sagte er, indem er auf die Eyerschaalen zeigte, die auf dem Moose umherlagen, „daß sie so schön roth und blau sind. Ich habe noch nie solche Eyer gesehen. Wie, laß mich das Ey, das noch ganz ist und das du wieder in den Queersack stecktest, doch einmal näher betrachten!"

Fridolin gabs ihm, und erzählte, wie er dazu gekommen. Der Mann betrachtete das Ey sehr aufmerksam, und die Thränen drangen ihm in die Augen. „Mein Gott," sagte er, „was da auf dem Ey steht, ist wohl recht wahr: *Vertrau auf Gott, — Er hilft in Noth.* Das habe ich jetzt erfahren. Mit heißer Inbrunst flehte ich in diesem Abgrunde zu Gott um Hülfe, und Er hat mein Flehen erhört. Seine Güte sey dafür dankbar gepriesen. Gesegnet seyen die guten Kinder, die dir das Paar Eyer schenkten. O sie dachten wohl nicht, daß sie damit einem fremden Manne das Leben retten würden. Gesegnet sey die gute Frau, die auf dieses Ey hier den tröstlichen Reim schrieb."

„Du," fuhr er fort, „gib das Ey mir. Ich will es aufheben, damit ich den schönen Spruch, der sich an mir so schön bewährte, immer vor Augen haben kann. Ja, meine Kinder und Kindeskinder sollen noch im Vertrauen auf Gott gestärkt werden, so oft sie das Ey erblicken und den Spruch lesen. Vielleicht erzählen nach hundert Jahren meine Urenkel noch davon, wie wunderbar Gott ihren Urgroßvater durch ein Paar Eyer vom Hungertode gerettet habe. — Ich will dir für die Eyer etwas anders geben." Er zog seinen Geldbeutel heraus, und gab ihm für jedes Ey, das er gegessen, hatte, ein Goldstück — für das mit dem schönen Reim aber zwey. Fridolin wollte ihm das Ey zwar nicht lassen. Der Mann aber bat so lange, bis er es ihm gab.

„Doch sieh," sagte der Mann jetzt, indem er an der

Felsenwand hinauf blickte, „es will Abend werden, und die Felsen und Gesträuche da oben schimmern in der Abendsonne schon wie rothes Gold. Versuch es doch einmal, mir auf das Pferd zu helfen. Der Weg, auf dem du herabkamst in diese fürchterliche Schlucht, wo die Sonne nie hinscheinet, läßt mich doch einen Ausgang hoffen."

Fridolin half ihm auf das Pferd, und führte es am Zügel. Sie kamen durch den Hohlweg mit vieler Mühe, aber dennoch glücklich hinauf. O wie sich da der Mann freute, als er die Sonne wieder erblickte, und Wald und Gebirg umher, von ihren glühendrothen Strahlen herrlich beleuchtet.

„Zu meinem Vetter," sagte Fridolin, „kommen wir jetzt wohl noch. Ich gehe einen starken Schritt und euer Pferd bleibt gewiß nicht zurück. Der Vetter wird euch mit Freuden aufnehmen. Er ist ein braver Mann. Ihr findet nicht nur eine gute Nachtherberge, sondern sicher auch, bis ihr wieder hergestellt seyd, eine liebreiche Pflege."

Mit anbrechender Nacht kamen sie vor der Hütte des ehrlichen Steinhauers an. Er nahm den Edelknecht mit Freuden auf, und klopfte seinem jungen Vetter Fridolin auf die Schulter, daß er so brav und gut gehandelt habe. — Fridolin trug seine Bedenklichkeit vor, daß er nicht Wort halten und seiner Mutter und seinen Geschwistern die gefärbten Eyer nicht senden könne. „Ach was, Eyer," sagte Fridolins Vetter, „ich weiß zwar nicht, was du alles von rothen und blauen und bunten Eyern daher schwatzest, oder was diese Eyer vor andern Vogeleyern, deren viele gewiß noch weit schöner und zarter bemahlt sind, besonders haben sollen; aber wären sie auch pures Gold, so wären sie dennoch wohl fort — da nur der brave Mann hier nicht hungers sterben durfte, und du einmal ein braver Kerl wirst. Du hast gehandelt, wie der wohlthätige Samariter — und ich will nun den Wirth machen. Aber bezahlen darfst du mir nichts, setzte er noch lächelnd hinzu. Hörst du?"

Der Edelknecht zeigte das Ey mit dem Spruche. „Es ist wunderschön," sagte der Vetter zu Fridolin. „Indeß laß ihm's nur; das Gold da wird deiner Mutter lieber seyn. Komm, ich will es dir auswechseln!" Der Jüngling erstaunte über die Menge Münze, die er dafür bekam; denn er hatte das Gold nicht gekannt. „Sieh," sagte der Vetter, „auch an deiner Mutter wird der Spruch wahr: *Gott hilft in Noth!* Der Spruch ist mehr werth, als all das Gold. Es ist indeß gut, daß man den Spruch auch ohne das Ey merken kann. Vergiß ihn daher dein Lebenlang nicht."

Der Edelknecht blieb so lange, bis er ganz gesund war, und beschenkte, ehe er aufsaß, noch alle im Hause reichlich.

Sechstes Kapitel.

Ein Ey, das wirklich in Gold und Perlen gefaßt wird.

Den Frühling und Sommer über fiel in dem Thale nichts besonders vor. Die Kohlenbrenner bauten ihr kleines Feld und gingen fleißig in den Wald, Kohlen zu brennen; ihre Weiber besorgten die Haushaltung und zogen viele Hühner; und die Kinder fragten sehr oft, ob es wohl nicht bald wieder Ostern sey. Die edle Frau aber war jetzt manchmal sehr traurig. Ihr alter, treuer Diener, der sie hieher begleitet hatte, und anfangs von Zeit zu Zeit bald größere, bald kleinere Reisen machte, und ihre Geschäfte besorgte, konnte das Thal schon lange nicht mehr verlassen. Denn er fing an zu kränkeln. Ja, als es Herbst ward und die Gesträuche an den Felsen umher bereits bunte Blätter hatten, konnte er kaum mehr vor die Thüre, um sich, was er sonst so gerne that, ein wenig zu sonnen. Die Frau vergoß aus Mitleid mit dem guten, alten Manne, und aus Besorgniß, ihre letzte Stütze zu verlieren, manche stille Thräne. Auch das fiel ihr sehr schwer, daß sie nun durch ihn von ihrem Vaterlande keine Nachricht mehr erhalten konnte, und in diesem abgelegenen Thale von der ganzen übrigen Welt wie abgeschieden war.

Um diese Zeit setzte aber noch ein anders Ereigniß die gute Frau in nicht geringe Aengste und Schrecken. Die Kohlenbrenner kamen eines Morgens aus dem Walde heim, und erzählten, als sie die vergangene Nacht wohlgemuth bey ihren brennenden Kohlhaufen gesessen wären, da seyen auf einmal vier fremde Männer zu ihnen gekommen, die eiserne Kappen auf dem Kopfe und eiserne Wammse angehabt, und große Schwerter an der Seite und lange

Spieße in der Hand geführt hätten. Sie hätten sich Dienstleute des Grafen von Schroffeneck genannt, der mit vielen Reisigen in dem Gebirge angekommen sey. Sie hätten sich auch nach allem in der Gegend wohl erkundigt. Der Müller eilte mit dieser Neuigkeit sogleich zu der Frau, die eben an dem Bette des kranken Kuno saß. Sie wurde, als der Müller den Namen Schroffeneck nannte, todtenbleich, und rief: „O Gott, der ist mein schrecklichster Feind! Ich glaube nicht anders, als er stellt mir nach dem Leben. Die Kohlenbrenner werden den fremden Männern meinen Aufenthalt doch ja nicht entdeckt haben!" Der Müller versicherte, so viel er wisse, sey von ihr gar nicht die Rede gewesen. Die Männer hätten sich an dem Feuer nur gewärmt und seyen gegen Tag wieder weiter gegangen. Daß sie aber noch in dem Gebirge umherstreifen, sey dennoch gewiß.

„Lieber Oswald!" sagte die Frau zum Müller, „Ich habe, seit ihr mich in euer Haus aufnahmet, euch immer als einen gottesfürchtigen, rechtschaffenen, redlichen Mann kennen gelernt. Euch will ich daher meine ganze Geschichte anvertrauen, und auch die große Angst entdecken, die jetzt mein Herz erfüllt; denn auf euern guten Rath und auf euern treuen Beystand mache ich sichere Rechnung."

„Ich bin Rosalinde, eine Tochter des Herzoges von Burgund. Zwey angesehene Grafen warben um meine Hand — Hanno von Schroffeneck und Arno von Lindenburg. Hanno war der reichste und mächtigste Herr weit umher, und hatte viele Schlösser und Kriegsleute; allein er war nicht gut und edel. Arno war wohl der tapferste und edelste Ritter im Lande; allein im Vergleich mit Hanno arm; denn er hatte von seinem edlen, uneigennützigen Vater nur ein einziges alterndes Schloß geerbt, und war auch gar nicht darauf bedacht, durch Gewalt mehrere an sich zu reißen. Ihm gab ich, mit Gutheißen meines Vaters, meine Hand, und brachte ihm eine schöne Strecke Landes mit mehreren festen

Schlössern zum Brautschatze. Wir lebten so vergnügt, wie im Himmel."

„Hanno von Schroffeneck faßte aber einen grimmigen Haß gegen mich und meinen Gemahl, und wurde uns todtfeind. Indeß verbarg er seinen Groll, und ließ ihn nicht in öffentliche Feindseligkeiten ausbrechen. Nun mußte mein Gemahl mit dem Kaiser in den Krieg gegen die wilden heidnischen Völker ziehen. Hanno hätte den Zug auch mitmachen sollen. Allein unter allerley Vorwänden wußte er seine Rüstungen zu verzögern, blieb zurück, und versprach blos, dem Heere sobald möglich zu folgen. Während nun mein Gemahl mit seinen Leuten an den fernen Grenzen für sein Vaterland kämpfte, und alle genug zu thun hatten, den übermächtigen Feind abzuhalten, brach der treulose Hanno in unser Land ein — und niemand war, der sich ihm widersetzen konnte. Er verwüstete alles weit umher, und erstürmte ein festes Schloß nach dem andern. Mir blieb nichts übrig, als mit meinen zwey lieben Kindern heimlich zu entfliehen. Mein guter alter Kuno war mein einziger Schutzengel auf dieser gefährlichen Flucht, auf der ich keinen Augenblick vor Hanno's Nachstellungen sicher war. Er führte mich in dieses Gebirg, wo ich in diesem vor aller Welt verborgenen Thale einen so ruhigen Aufenthalt fand."

„Hier wollte ich nun weilen, bis mein Gemahl aus dem Kriege zurück kommen, und unsre Habe dem unrechtmäßigen Besitzer wieder entreißen würde. Von Zeit zu Zeit zog Kuno aus dem Gebirge in die bewohntere Welt, Kunde von dem Kriege einzuholen. Allein immer kehrte er mit traurigen Nachrichten zurück. Immer noch waltete der böse Hanno in unserm Lande, immer noch dauerte der Krieg an den Grenzen mit abwechselndem Glücke fort. Nun aber ist schon bald ein Jahr, daß mein guter Kuno krank ist, und seit der Zeit weiß ich nichts mehr von meinem theuren Vaterlande, und von meinem lieben Gemahl. Ach, vielleicht fiel er schon lange unter dem Schwerte der Feinde! Vielleicht kam Hanno, der mir mit seinen Leuten so nahe ist, meinem geheimen Aufenthalte auf die Spur — und was wird dann aus mir werden? Der Tod wäre noch das Beste, was mir begegnen könnte! —"

„O redet doch mit den Köhlern, lieber Oswald, daß sie mich doch nicht verrathen!" „Was verrathen!" sagte der Müller. „Ich stehe euch gut für alle; jeder gäbe sein Leben für mich. Ehe der von Schroffeneck euch etwas zu leid thun sollte, müßte er es mit uns allen aufnehmen. Seyd daher außer Sorgen, edle Frau!" Eben so sprachen die Kohlenbrenner, als ihnen der Müller die Sache vortrug. „Er soll nur kommen," sagten sie, „dem wollen wir mit unsern Schürhacken den Weg weisen."

Die gute Frau brachte indeß ihr Leben unter beständigen Sorgen und Aengsten zu. Sie getraute sich kaum mehr aus der Hütte, und ließ auch keines ihrer Kinder vor die Thüre. Ihr Leben war sehr betrübt und kummervoll. Da es aber in dem Gebirge wieder ruhig wurde, und man von den geharnischten Männern nichts mehr sah und hörte, wagte sie es einmal, einen kleinen Spaziergang zu machen. Es war nach langem Regen gar ein schöner, lieblicher Tag spät im Herbste. Einige hundert Schritte von ihrer Hütte war eine Art ländlicher Kapelle. Sie war nur aus rohen Tannenstämmen erbaut, und an der Vorderseite ganz offen. In der Kapelle sah man die Flucht nach Aegypten, ein sehr liebliches Gemählde, das Kuno einmal von einer seiner Wanderungen mitgebracht hatte, die gute Frau über ihre eigene Flucht zu trösten. Hinter der Kapelle erhob sich eine hohe Felsenwand, und vor der Kapelle standen einige schöne Tannen, und beschatteten den Eingang derselben. Das Plätzchen hatte noch etwas Stilles und Trauliches, daß man mit Wehmuth und Freude hier verweilte. Ein angenehmer Weg über grünen Rasen, zwischen mahlerischen Felsen und Gesträuchen führte dahin. Dies war ihr liebster Spaziergang. Sie ging — nicht ganz ohne

Bangigkeit — auch dieses Mal dahin. Sie kniete mit ihren Kindern einige Zeit auf dem Betstuhle am Eingange der Kapelle. Die Aehnlichkeit ihres Schicksals mit dem der göttlichen Mutter, die auch mit ihrem Kinde in ein fremdes Land flüchten mußte, rührte sie, und manche Zähre floß von ihren Wangen. Sie betete eine Zeit, und setzte sich dann auf die Bank. Ihre Kinder pflückten indeß an den Felsen umher Brombeeren, freuten sich, daß jede Beere gleichsam ein kleines, glänzendschwarzes Träubchen bilde, und entfernten sich nach und nach ziemlich weit.

Als nun die Frau so einsam da saß — sieh, da kam ein Pilgersmann zwischen den Felsen hervor und näherte sich der Kapelle. Er hatte nach Art der Pilger ein langes, schwarzes Gewand an und einen kurzen Mantel darüber. Sein Hut war mit schönfarbigen Meermuscheln geziert, und in der Hand führte er einen langen, weißen Stab. Er war, wie es schien, schon sehr alt, aber doch ein stattlicher, sehr wohlaussehender Mann. Seine langen Haare, die auf beiden Seiten der Scheitel schlicht herab hingen, und sein langer Bart waren weiß wie Schleeblüthe, aber seine Wangen noch röther, als die schönsten Rosen. Die Frau erschrack, als sie den fremden Mann sah. Er grüßte sie ehrerbietig und fing ein Gespräch mit ihr an. Sie aber war in ihren Reden sehr vorsichtig und zurückhaltend. Sie blickte ihn nur sehr schüchtern an, als wollte sie ihn erst ausforschen, ob sie ihm — als einem ganz Fremden — wohl auch trauen dürfe.

„Edle Frau," sagte endlich der Pilger, „habt keine Furcht vor mir. Ihr seyd mir nicht so fremd, als ihr denket. Ihr seyd Rosalinde von Burgund. Ich weiß auch gar wohl, was für ein hartes Schicksal euch zwang, zwischen diesen rauhen Felsen eine Zufluchtsstätte zu suchen. Auch euer Gemahl, von dem ihr nun schon drei Jahre getrennt seyd, ist mir recht wohl bekannt. Seit ihr hier in dieser abgelegenen Gegend wohnet, hat sich in der Welt vieles geändert. Wenn euch je noch daran liegt, von dem guten Arno von

Lindenburg zu hören, und das Andenken an ihn in eurem Herzen noch nicht erloschen ist, so kann ich euch die fröhlichsten Nachrichten von ihm mittheilen. Es ist Friede! Mit Siegeskränzen geschmückt kehrte das christliche Heer zurück. Euer Gemahl hat seine geraubten Festen wieder erobert. Der Bösewicht Hanno rettete sich mit genauer Noth in dieses Gebirg, und auch aus diesem hat er sich schon weiter flüchten müssen. Der innigste Wunsch eures Gemahls ist nun, euch, seine geliebte Gemahlinn, wieder aufzufinden."

„O Gott!" rief jetzt die Frau, „welch eine Freudenbothschaft! O wie dank ich Dir, lieber Gott!" Sie sank auf die Knie, und reichliche Thränen flossen über ihre Wangen. „Ja," sprach sie, „Du, guter Gott, hast meine heißen Thränen gesehen, meine stillen Seufzer vernommen, mein unaufhörliches Flehen erhört! — O Arno, Arno, daß mir doch bald der selige Augenblick würde, dich wieder zu sehen, und dir deine Kinder, die bey deiner Abreise noch ganz unmündig waren, vorzuführen, damit du nun aus ihrem Munde das erste Mal den holden Vaternamen vernehmest!"

„Ja wohl zweifeln, du frommer Mann," sagte sie zum Pilger, „ob ich meines Gemahls noch gedenke — ob nicht sein Andenken in meinem Herzen erloschen? — O meine Kinder," rief sie jetzt ihren zwey Kleinen zu, die schüchtern in einiger Entfernung standen, und den fremden Mann neugierig betrachteten — „o kommt hieher!" Beyde Kinder kamen eilig.

„Du, Edmund," sprach sie jetzt zum Knaben, indem sie das Kind küßte und ermunterte, nicht scheu, sondern hübsch dreist zu seyn, „sage dem Manne hier das kleine Gebet, das wir alle Morgen für den Vater beten." Der Kleine faltete, als ob es allzeit so seyn müßte, auch wenn man es nur auswendig hersagte, andächtig die Hände, und sprach mit sichtbarer Rührung, die Augen zum Himmel gerichtet, laut und mit Ausdruck: „Lieber Vater im Himmel! Sieh auf uns zwey arme Waislein herab! Unser Vater ist im Kriege. O laß ihn nicht umkommen! O wir wollen auch recht fromm und gut seyn, damit der liebe Vater Freude habe, wenn er uns einmal wiedersieht! Ach ja, erfülle unsre Bitte!"

„Und du, Blanda," sagte sie zum gelblockigten Mädchen mit den Rosenwangen, „sag, wie beten wir Abends für den Vater, ehe wir uns schlafen legen?" Das Kind faltete eben so wie der Knabe die kleinen Händchen, schlug die blauen Augen zum Himmel auf, und betete schüchtern mit sanfter, leiser Stimme: „Lieber Vater im Himmel! Ehe wir zur Ruhe gehen, flehen wir noch zu Dir für unsern Vater auf Erde. Laß ihn sanft ruhen und dein Engel beschütze ihn vor feindlichem Ueberfall. Schenke auch der lieben Mutter sanften Schlaf, damit sie ihres tiefen Kummers ein wenig vergesse. Oder wenn Du ihr auch den süßen Schlaf entziehen willst — so laß ihn auf die Augenlieder des Vaters sanft herabsinken. O möchte dieser Abend der letzte unsrer traurigen Trennung seyn — möchte bald der frohe Morgen jenes Tages anbrechen, an dem wir ihn wiedersehen!"

„Amen, Amen!" sagte die Mutter, indem sie die Hände faltete, und weinend zum Himmel aufblickte. — —

Jetzt fing der Pilger mit einem Male an laut zu weinen. In einem Augenblicke hatte er die Verkleidung — Haare und Bart, Pilgermantel und Pilgerrock hinweg geworfen — und stand nun in prächtiger, ritterlicher Tracht, in Gold und Purpur, in jugendlicher Schönheit, voll Kraft und Leben da, und breitete seine Arme weit gegen Frau und Kinder aus, und rief mit lauter, tiefgerührter Stimme: „O Rosalinde, meine Gemahlinn — o Edmund und Blanda, meine liebsten Kinder!"

Die Frau war vom plötzlichen Freudenschrecken ganz betäubt. Die Kinder, die bey dem lauten Weinen des Pilgers eben zu ihrer Mutter aufgeblickt hatten, als wollten sie um Hülfe für den Mann flehen, schauten, als sie jetzt ihren

Namen hörten, um — und erschracken über das Wunder, das sie zu sehen glaubten; denn sie meinten, da die Mutter ihnen öfters aus der Legende erzählt hatte, nicht anders, als der Greis habe sich mit einem Male in einen schönen Jüngling des Himmels — in einen Engel verwandelt; so schön kam ihnen ihr Vater vor. Denn wirklich war er auch der schönste Mann unter dem ganzen christlichen Heere. O wie entzückt waren sie, als die Mutter ihnen nun sagte, der schöne Herr sey ihr lieber Vater, von dem sie ihnen so oft erzählt habe. Vater und Mutter und Kinder fühlten sich so glücklich, als wären sie schon im Himmel, und ein Paar Stunden verschwanden ihnen wie ein Paar Augenblicke.

Rosalinde hatte aus den Reden ihres Gemahls vernommen, daß er unter starker Bedeckung spornstreichs hieher geritten sey, um sie hier abzuholen; daß er aber wegen der steilen, gefährlichen Felsenwege sein Gefolge von Reitern zurückgelassen habe, und in Pilgertracht, deren sich die Vornehmen damals oft bedienten, wenn sie unbekannt reisen wollten, zu Fuße vorausgeeilt sey, schneller bey ihr zu seyn, sich unter dieser fremden Gestalt von ihrem Wohlbefinden und von dem Wohlverhalten seiner Kinder zu überzeugen, und sie auf seinen Empfang vorzubereiten. Rosalinde fragte, wie es gekommen sey, daß er ihren Aufenthalt so sicher erfahren habe.

„O Rosalinde," sagte er, „unser Wiedersehen ist die Frucht deiner Wohlthätigkeit gegen die armen Leute, besonders gegen die Kinder in diesem Thale. Darum hat Gott deinen Kindern den Vater wieder geschenkt. Ohne diese deine wohlthätigen Gesinnungen hätten wir uns nicht so bald, ach vielleicht gar nicht mehr gesehen! Denn überall warest du von unsren Feinden umgeben, und leicht hättest du in ihre Hände fallen können. Erst nachdem ich mit meinen Leuten im Gebirge angekommen war, entfloh Hanno mit den Seinigen über alle Berge. Sieh da," sprach er, und zeigte ihr das gefärbte Ey mit dem Spruche: *Vertrau auf Gott, Er hilft in Noth!* „Dieses Ey ward in der Hand Gottes das Mittel, uns wieder zu vereinigen. Ich hatte lange Zeit her Leute ohne Zahl ausgesendet, dich zu suchen — aber immer vergebens. Da kam einmal Eckbert, einer meiner Edelknechte, den ich schon für verloren hielt, weil er mir gar lange ausblieb, von einem Ritte zurück. Er war in einen Abgrund gestürzt, und wäre da bald verhungert. Ein fremder Jüngling rettete ihn mit einem Paar Eyer vom Hungertode, und ließ ihm noch obendrein dieses Ey mit dem schönen Spruche zum Andenken an seine Rettung. Eckbert zeigte mir das Ey. Aber, lieber Himmel, wie erstaunte ich! Auf den ersten Blick erkannte ich deine Hand. Augenblicklich saßen wir auf, und ritten dem großen Marmorbruche zu, in dem der gute Jüngling arbeitete. Dieser zeigte mir den Weg hieher. Hättest du den schönen freundlichen Gedanken nicht gehabt, den Kindern mit den bunten Eyern ein Fest zu machen; hättest du bey den leiblichen Wohlthaten nicht auf den Geist so schön Bedacht genommen, und die schönen Denkreime nicht auf die Eyer geschrieben, wäret ihr alle — du mein lieber kleiner Edmund da, und du meine kleine holde Blanda hier, gegen einen fremden Jüngling nicht so wohlthätig gewesen: o so wäre uns der heutige Freudentag nicht geworden. Auf jeder milden Gabe — sie sey auch noch so klein — ruht doch immer der Segen des Höchsten, wenn sie aus reinem Herzen und ohne Hoffnung einer Vergeltung gegeben wird. Sie ist ein Samenkorn, das reichliche Früchte trägt. Unter Gottes Leitung bringt sie uns oft auf Erden schon großes Heil. Merkt euch das euer Leben lang, ihr lieben Kinder! Gebt den Armen gerne, sucht andern einen frohen Tag zu machen, gleicht eurer Mutter! Helft andern aus der Noth, und euch wird auch geholfen werden! Erbarmet euch, und ihr werdet auch Erbarmen finden. Freudig werdet ihr dann auf Gott vertrauen können, und die felsenfeste Wahrheit auf der zerbrechlichen Eyerschale da, die heute so schön in Erfüllung ging, wird auch fernerhin an euch herrlich in Erfüllung gehen. Er wird euch nie ohne Hülfe lassen. — Dieß seht ihr aus dieser Geschichte. In Gold und Perlen werde ich deßhalb dieses Ey fassen, und zum steten Andenken in unsrer Burgkapelle am Altare aufhängen."

Indeß war es Abend geworden, und schon glänzte hie und da ein Sternlein am klaren Himmel. Graf Arno ging mit seiner Gemahlinn am Arme ihrer ländlichen Wohnung zu, und die zwey Kleinen gingen voraus. Hier erwartete sie neue Freude. Der Edelknecht und Fridolin, sein Erretter, waren hier und hatten sich indeß mit Kuno unterhalten, den die Ankunft seines geliebten Herrn schon fast gesund gemacht hatte. Der gute Jüngling Fridolin, dem die Gräfin die Eyer geschenkt hatte, kam zuerst herbey, und grüßte sie und die Kinder als alte Bekannte auf das freundlichste und freudigste. Dann trat Eckbert, der Edelknecht, den die Eyer vom Hungertode gerettet hatten, ehrerbietig herbey und sagte: „Laßt mich, theure Gräfin, die wohlthätige Hand küssen, die mir unter Gottes Leitung das Leben rettete." Den braven Kuno umarmte der Graf als seinen treusten Diener, und auch dem wackern Müller, der festlich geputzt in seinem hellblauen Sonntagsrocke dastand, schüttelte er mit dankbarer Rührung treuherzig die Hand. Sie speisten den Abend alle zusammen und waren von Herzen fröhlich und vergnügt.

Am andern Morgen aber war großer Jubel im ganzen Thale. Die Nachricht, der Gemahl der guten Frau, ein vornehmer — vornehmer Herr, sey angekommen, setzte alles in Bewegung. Groß und Klein kam herauf, ihn zu sehen, und die kleine Hütte ward ganz von Leuten umringt. Der Graf trat mit seiner Gemahlinn und seinen Kindern heraus und grüßte die Leute auf das liebreichste, und dankte ihnen für alles Gute, das sie seiner Gemahlinn und seinen Kindern erwiesen hätten. „O nicht wir sind ihre Wohlthäter," sagten die Leute mit Thränen in den Augen,

„sie ist unsre größte Wohlthäterinn!" Der Graf unterhielt sich lange mit den guten Leuten, und sprach mit einem jeden aus ihnen, und alle waren über seine Freundlichkeit entzückt. Indeß hatte das Gefolg des Grafen, mit Hülfe einiger Kohlenbrenner einen Weg in das Thal gefunden. Unter dem Klange der Trompeten kamen mehrere Ritter, und eine Menge Knappen zu Pferd und zu Fuß zwischen zwey waldigen Bergen hervor, zogen in das Thal herein, und ihre Helme und Spieße leuchteten im Glanze der Sonne wie Blitze. Alle begrüßten ihre wiedergefundene Gebietherinn mit hoher Freude — und ihr Freudenruf hallte rings von den Felsen zurück.

Graf Arno blieb noch ein Paar Tage hier; am Abende, bevor er mit seiner Gemahlinn und seinen Kindern, mit Kuno und dem übrigen Gefolge abreiste, gab er noch allen Bewohnern des Thales eine große Mahlzeit. Der Müller und die Köhler saßen zwischen Rittern und Knappen, und die Tafel sah sehr bunt aus. Am Ende der Mahlzeit beschenkte der Graf seine ländlichen Gäste, vorzüglich den Müller, noch sehr reichlich. Martha blieb in den Diensten der Gräfinn. Für die Mutter und Geschwister des guten Jünglings Fridolin sorgte er noch ganz besonders. Zu den Kindern der Köhler aber sagte er: „Für euch, ihr lieben Kleinen, will ich zum Andenken an den Aufenthalt meiner Gemahlinn unter so guten Leuten eine kleine Stiftung machen. Jedes Jahr sollen auf Ostern allen Kindern Eyer von allen Farben ausgetheilt werden." „Und ich," sprach die gute Gräfinn, „will diesen Gebrauch in unsrer ganzen Grafschaft einführen, und dort zum Andenken meiner Befreyung alle Jahre auf Ostern gefärbte Eyer unter die Kinder austheilen lassen." Dieß geschah auch. Die Eyer nannte man Ostereyer, und die schöne Sitte verbreitete sich nach und nach durch das ganze Land.

Die Leute an andern Orten, die den Gebrauch nachmachten, sagten: „Die Erlösung der guten Gräfinn aus ihrem Felsenthale und jenes Edelknechtes aus dem Abgrunde vom nahen Tode, geht uns zwar nicht so nahe an, ihr Andenken jährlich zu feiern. Die bunten Eyer sollen daher unsre Kinder an eine größere, herrlichere Erlösung erinnern, die uns *sehr nahe* angeht — an unsre Erlösung von Sünde, Elend und Tod, durch Denjenigen, der vom Tode auferstand. Das Osterfest ist das rechte Erlösungsfest — und die Freude, die wir da den Kindern machen, ist ganz dem Sinne des Erlösers gemäß. Die Liebe, die gerne groß und klein erfreut, ist ja die Summe seiner heiligen Religion, und das schönste Kennzeichen seiner wahren Verehrer. Ja, die Sitte, den Kindern Eyer zu schenken, kann auch den Aeltern und allen Menschen eine schöne Erinnerung an die Vaterliebe Gottes gegen uns Menschen, gleichsam ein Pfand der wohlwollenden Gesinnungen seines treuen Vaterherzens seyn. Denn der Mund der Wahrheit hat es ja selbst gesagt: Wo ist unter euch ein Vater, der seinem Sohne, der ihn um ein Ey bittet, einen Skorpion geben könnte? Wenn nun ihr euren Kindern gute Gaben zu geben wißt, wie viel mehr wird euer Vater im Himmel denen, die Ihn darum bitten — (die beste aller Gaben) den guten Geist geben?"